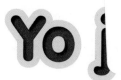

Yo

Daniela Zoto
ilustrado por Cecilia Rébora

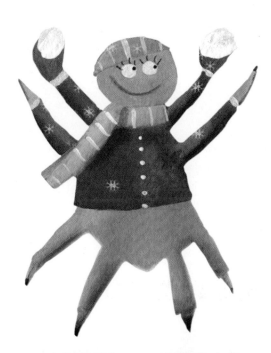

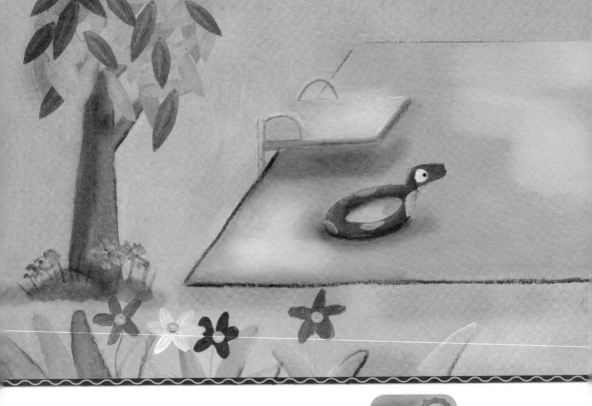

Yo juego en 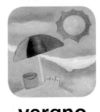 .

verano

2

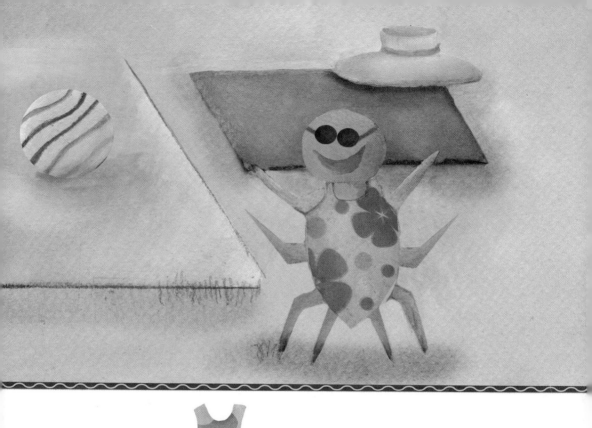

Ese 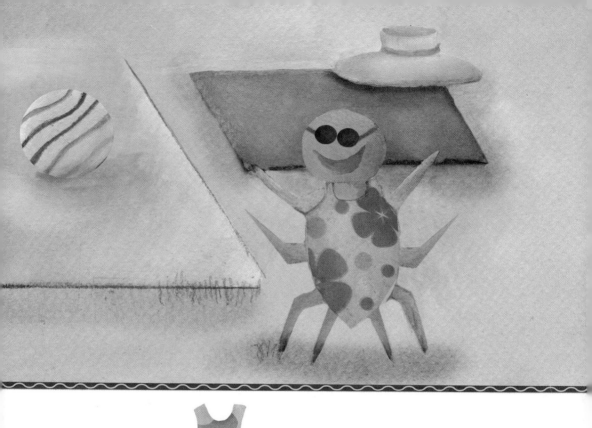 es para mí.

bañador

3

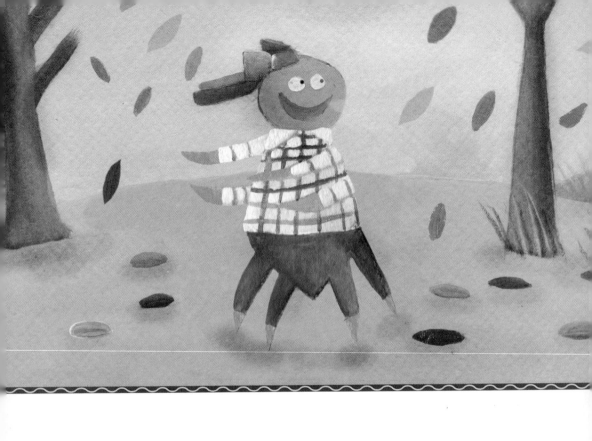

Yo juego en otoño.

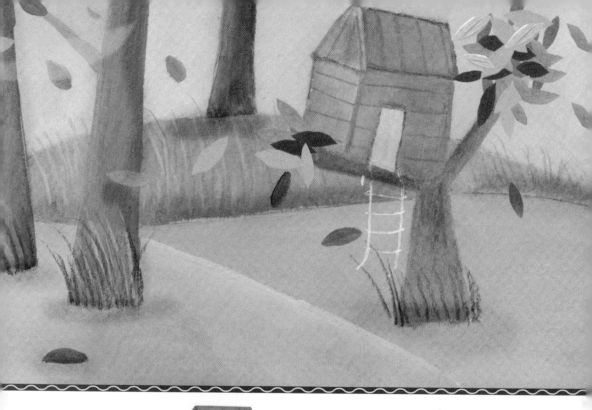

Esa 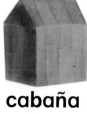 es para mí.

cabaña

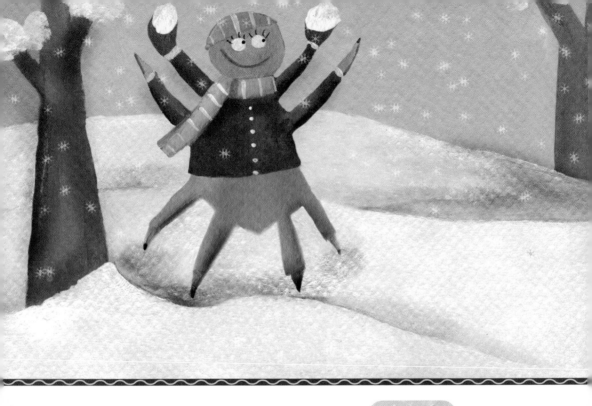

Yo juego en 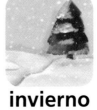 .

invierno

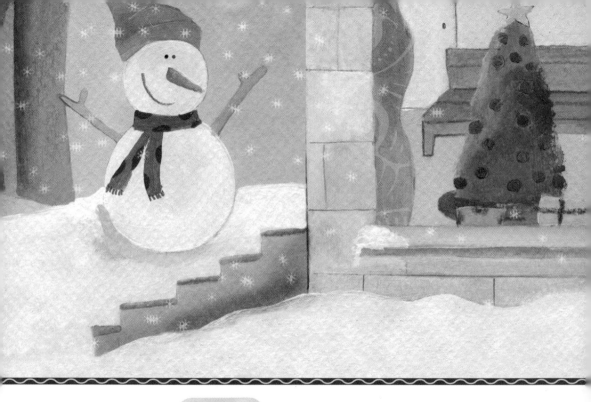

Ese  es para mí.

muñeco

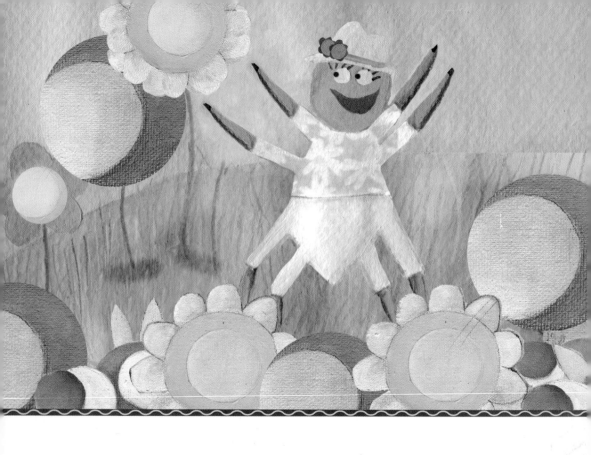

¡Yo juego todo el año!